大方廣佛華嚴經 寫經

39

🪷 일러두기

1. 『사경본 한글역 대방광불화엄경』은 『독송본 한문·한글역 대방광불화엄경』에 수록된 한글역을 사경하는 데 편의를 도모하기 위해 편집을 달리하여 간행한 것이다.

2. 『독송본 한문·한글역 대방광불화엄경』은 실차난타가 한역(695~699)한 80권 『대방광불화엄경』의 한문 원문과 한글역을 함께 수록한 것이다. 한문 저본은 고종 2년(1865) 월정사에서 인경한 고려대장경 『대방광불화엄경』이다.

3. 한글 번역은 동국역경원에서 발간한 한글 『대방광불화엄경』(운허)을 중심으로 하고 『신화엄경합론』(탄허)과 『대방광불화엄경 강설』(여천무비) 그리고 최근의 여타 번역본 등을 참조하였다.

4. 한글 번역은 독송과 사경을 위하여 정확성과 아울러 가독성을 고려하였다. 극존칭은 부처님과 불경계에 대해서만 사용하였다.

5. 사경본의 차례는 일러두기 → 한글역 본문 → 화엄경 목차 → 간행사이며 80권 『대방광불화엄경』의 권별 목차 순으로 독송본과 함께 간행한다. (법공양판에는 간행사 다음에 간행불사 동참자를 밝혀두었다.)

사경본 한글역

대방광불화엄경 제39권

26. 십지품 [6]

수미해주

대방광불화엄경 제39권 변상도

대방광불화엄경
제 39 권

26. 십지품 [6]

_____ 은(는)『대방광불화엄경』을
사경하는 인연공덕으로
『화엄경』이 널리 유통되고
우리 모두 다함께 보리 이루기를 발원하옵니다.

대방광불화엄경
제39권

26. 십지품 [6]

정거천의

나유타 대중들이

이 지위의

모든 수승한 행을 듣고서는

공중에 뛰며

마음이 환희하여

다 함께 정성으로
부처님께 공양올렸다.

불가사의한
보살 대중들도
또한 공중에서
크게 환희하여
최상의 마음을 기쁘게 하는
향을 모두 사루어
모인 대중들에게 널리 풍기어
청정케 하였다.

자재천왕과

하늘 대중들

한량없는 억의 수가

허공에 있어

하늘 옷을 널리 흩어

부처님께 공양올리니

백천만 종류들이

풍성하게 내렸다.

하늘의 모든 채녀들도

한량이 없어

부처님께 환희하고

공양 올리지 않음이 없고
갖가지 미묘한 음악을
각각 연주하며
모두 이러한 말로
찬탄하였다.

"부처님 몸은 한 국토에
편안히 앉아 계시나
일체 세계에
다 몸을 나타내시니
몸 모양 단엄함이
한량없는 억이라

넓고 큰 법계에
다 충만하시도다.

한 모공에서
광명을 놓으시어
널리 세간 번뇌의
어두움을 없애시니
국토의 미세한 티끌은
헤아려 알 수 있으나
이 광명의 수는
헤아릴 수 없도다.

혹은 여래께서
온갖 형상 갖추시고
위없는 바른 법륜
굴리심을 보며
혹은 모든 부처님 세계에
다니심을 보며
혹은 고요하여 편안하고
움직이지 않으심을 보도다.

혹은 도솔천궁에
머무름을 나타내시고
혹은 내려와

모태에 들어감을 나타내시며
혹은 태에 머무르고
혹은 태에서 나옴을 보이시어
다 한량없는 국토에서
보게 하시도다.

혹은 출가하여
세상의 도 닦음을 나타내시며
혹은 도량에서
정각 이룸을 나타내시며
혹은 법을 설하고
혹은 열반함을 나타내시어

널리 시방에서
다 보게 하시도다.

비유하면
마슬사가 환술을 알아
대중에게
많이 지어내듯이
여래의 지혜도
또한 그러하여
세간에서
널리 몸을 나타내시도다.

부처님은 매우 깊은
참 법성에 머무르시어
적멸하고 형상이 없어
허공 같지만
제일의 진실한
이치 가운데
갖가지 행하는 일을
나타내 보이시도다.

짓는 바 중생을
이익되게 하는 일이
모두 법의 성품을

의지하여 있게 되니

형상 있고 형상 없음이

차별이 없어

구경에 들어가면

모두 형상 없도다.

만약 여래의 지혜를

얻고자 하면

마땅히 일체 허망한 분별을

여읠지니

있고 없음을 통달하여

모두 평등하면

인간과 천상의 대도사를
빨리 지으리라.”

한량없고 가없는
천녀들이
갖가지 음성으로
칭찬하고는
몸과 마음이 적정하고
함께 안락하여
여래를 우러러보며
잠자코 있었다.

바로 그때
보살 해탈월이
모든 모인 대중들이
다 적정함을 알고는
금강장을 향해
청하여 말하였다.
"크게 두려움 없는 자,
참 불자여!

제9지로부터
제10지에 드는
있는 바 공덕과

모든 행상과
그리고 신통으로
변화하는 일을
원컨대 총명한 지혜 있는 분이
말씀하소서."

그때에 금강장 보살마하살이 해탈
월 보살에게 말씀하였다.
"불자여, 보살마하살이 초지로부
터 제9지에 이르기까지, 이와 같이
한량없는 지혜로 관찰하여 깨닫고는

잘 사유하여 닦아 익히며, 선한 법을 잘 만족하며, 가없는 도를 돕는 법을 모으며, 큰 복덕과 지혜를 증장하며, 대비를 널리 행하며, 세계의 차별을 알며, 중생계의 빽빽한 숲에 들어간다.

여래께서 행하시는 곳에 들어가며, 여래의 적멸한 행을 수순하며, 여래의 힘과 두려움 없음과 함께하지 않는 부처님의 법을 항상 관찰하니, 이름하여 일체종과 일체지의 지혜를 얻은 직책을 받는 지위라고 한다.

불자여, 보살마하살이 이와 같은 지혜로 직책을 받는 지위에 들어가서는 곧 보살의 때를 여읜 삼매와, 법계의 차별에 들어가는 삼매와, 도량을 장엄하는 삼매와, 일체 종류의 화광 삼매와, 해장 삼매와, 해인 삼매와, 허공계의 넓고 큰 삼매와, 일체 법의 자성을 관찰하는 삼매와, 일체 중생의 마음의 행을 아는 삼매와, 일체 부처님께서 다 앞에 나타나시는 삼매를 얻는다. 이와 같은 등 백만 아승지 삼매가 모두 앞에 나타난다.

보살이 이 일체 삼매에 들어가고 일어날 때 모두 공교함을 얻으며, 또한 일체 삼매의 짓는 일이 차별함도 잘 분명히 안다. 그 마지막 삼매는 이름이 '일체지가 수승한 직책을 받는 지위'이다.

이 삼매가 앞에 나타날 때에 큰 보배 연꽃이 홀연히 솟아났다.

그 연꽃이 넓고 커서 크기가 백만 삼천대천세계와 같으며, 온갖 미묘한 보배로 사이사이 장엄하였다. 일체 세간의 경계를 초월하여 출세간의 선근에서 생겨난 것이며, 모든 법이 환과 같은 성품임을 아는 온갖 행으로 이루어진 것이며, 항상 광명을 놓아 법계를 두루 비추며, 모든 하늘의 처소에 능히 있는 것이 아니다.

비유리 마니 보배로 줄기가 되고, 전단왕으로 꽃대가 되고, 마노로 꽃술이 되고, 염부단금으로 잎이 되었다. 그 꽃에는 항상 한량없는 광명이 있고, 온갖 보배로 연밥이 되고, 보

배 그물로 두루 덮이고, 십 삼천대천
세계의 미세한 티끌 수의 연꽃으로
권속이 되었다.

그때에 보살이 이 연꽃 자리에 앉
으니 몸 모양의 크고 작음이 바른 모
양으로 잘 어울리고, 한량없는 보살
로 권속이 되어, 각각 그 다른 연꽃
위에 앉아서 두루 들러쌌으며, 낱낱
이 각각 백만 삼매를 얻고, 큰 보살
을 향하여 일심으로 우러러보았다.

불자여, 이 큰 보살과 그 권속들이
연꽃 자리에 앉았을 때, 있는 바 광

명과 말과 음성이 시방 법계에 널리 다 충만하며, 일체 세계가 모두 다 진동하였다.

나쁜 갈래는 휴식하고, 국토는 청정하게 장엄되며, 함께 수행하는 보살이 와서 모이지 않음이 없으며, 인간과 천상의 음악이 동시에 소리를 내니, 있는 바 중생들이 모두 안락함을 얻으며, 부사의한 공양거리로 일체 부처님께 공양올리며, 모든 부처님의 대중모임들이 모두 다 나타났다.

불자여, 이 보살이 저 큰 연꽃 자리에 앉았을 때, 두 발바닥에서 백만 아승지 광명을 놓아 시방의 모든 큰 지옥을 널리 비추어 중생들의 고통을 소멸하였다.

두 무릎에서 백만 아승지 광명을 놓아 시방의 모든 축생 갈래를 널리 비추어 중생들의 고통을 소멸하며, 배꼽에서 백만 아승지 광명을 놓아 시방의 염라왕 세계를 널리 비추어 중생들의 고통을 소멸하였다.

좌우의 옆구리로 백만 아승지 광명

을 놓아서 시방의 일체 인간 갈래를 널리 비추어 중생들의 고통을 소멸하며, 두 손바닥으로 백만 아승지 광명을 놓아서 시방의 일체 모든 천상과 아수라의 있는 바 궁전을 널리 비추었다.

두 어깨로 백만 아승지 광명을 놓아서 시방의 일체 성문을 널리 비추며, 목과 등으로 백만 아승지 광명을 놓아서 시방 벽지불의 몸을 널리 비추었다.

입으로 백만 아승지 광명을 놓아

서 시방의 처음 비로소 발심한 이와 내지 9지의 모든 보살들의 몸을 널리 비추며, 두 눈썹 사이로 백만 아승지 광명을 놓아서 시방의 직책을 받은 보살들을 널리 비추어 마군의 궁전들이 모두 다 나타나지 못하게 하였다.

그 정수리로 백만 아승지 삼천대천세계의 미세한 티끌 수의 광명을 놓아서 시방 일체 세계의 모든 부처님 여래 도량의 대중모임을 널리 비추고 오른쪽으로 열 바퀴를 돌고는 허공에 머물러서 광명 그물을 이루니, 이름이 치성하게 타오르는 광명이다.

갖가지 모든 공양하는 일을 일으켜 부처님께 공양올리니, 나머지 모든 보살들의 처음 발심함으로부터 9지에 이르기까지 있는 바 공양으로 이것에 견주면 백분의 일에 미치지 못하며, 내지 산수 비유로도 미칠 수 없는 바이다.

그 광명 그물이 널리 시방의 낱낱 여래의 대중모임 앞에 온갖 미묘한 향과 꽃과 꽃다발과 의복과 깃대와 깃발과 보배 일산과 모든 마니 등의 장엄거리를 비내려서 공양올리니, 모두 출세간의 선근으로부터 생겨난 것이라 일체 세간의 경계를 초월한다. 만일 어떤 중생이 이것을 보고 안다면 모두 아뇩다라삼먁삼보리에서 물러나지 않게 된다.

불자여, 이 큰 광명이 이와 같이 공양하는 일을 지어 마치고는 다시 시방의 일체 세계의 낱낱 모든 부처님 도량의 대중모임을 돌아 열 번을 지나서 모든 여래의 발 아래로 들어갔다.

그때에 모든 부처님과 모든 보살들이 어느 세계에 어느 보살마하살이 이와 같은 광대한 행을 능히 행하고 직책을 받는 지위에 이른 줄을 아셨다.

불자여, 이때에 시방의 한량없고 가없는 내지 9지의 모든 보살들이 모두 와서 둘러싸고 공경하고 공양하며 일심으로 관찰하니, 바로 관찰할 때 그 모든 보살들이 곧 각각 십천 삼매를 얻었다.

이러한 때에 시방에 있는 직책을
받은 보살들이 모두 금강으로 장엄
한 가슴의 공덕 모양에서 큰 광명을
놓으니, 이름이 '능히 마군과 원수를
파괴함'이다.

백만 아승지 광명을 권속으로 삼고
시방을 널리 비추어 한량없는 신통
변화를 나타내었다.

이러한 일을 지어 마치고는 이 보
살마하살들의 금강으로 장엄한 가
슴의 공덕 모양으로 들어갔다. 그 광
명이 들어간 후에는 이 보살들이 지

닌 지혜가 세력을 증장케 하여 백천
배를 넘어선다.

그때에 시방의 일체 모든 부처님께
서 눈썹 사이로 청정한 광명을 내시
니 이름이 '일체 지혜와 신통을 더
함'이다.

무수한 광명을 권속으로 삼아 시방
의 일체 세계를 널리 비추며 오른쪽
으로 열 바퀴를 돌았다. 여래의 광대
한 자재함을 나타내 보이며, 한량없

는 백천억 나유타 모든 보살 대중들을 깨우치며, 일체 부처님 세계를 두루 진동하며, 일체 모든 나쁜 갈래의 고통을 없애며, 일체 모든 마군의 궁전을 가려 버리며, 일체 부처님께서 보리를 얻으신 곳인 도량의 대중모임의 장엄과 위덕을 보이었다.

이와 같이 허공을 다하고 법계에 두루하여 일체 세계를 널리 비추고는, 이 보살들의 모임에 와서 이르러 오른쪽으로 두루 돌면서 갖가지 장엄한 일을 나타내 보였다.

이 일을 나타내고는 큰 보살의 정수리로 들어가니 그 권속 광명도 또한 각각 저 모든 보살들의 정수리로 들어갔다.

이러한 때에 이 보살이 전에 얻지 못하였던 백만 삼매를 얻으니 이름이 '직책을 받는 지위를 이미 얻음'이다. 부처님의 경계에 들어가서 열 가지 힘을 구족하고 부처님으로 헤아림에 속한다.

불자여, 마치 전륜성왕에게서 태어

난 태자가 어머니는 황후이고 몸 모양이 구족하니, 그 전륜왕이 이 태자로 하여금 흰 코끼리의 미묘한 보배 황금 자리에 앉게 하고, 큰 그물 휘장을 펼치고, 큰 깃대와 깃발을 세우고, 향을 사루고 꽃을 흩고, 여러 음악을 연주하고, 네 큰 바다의 물을 떠다 황금 병 안에 넣고, 왕이 이 병을 들어 태자의 정수리에 부으니, 이때 바로 이름하여 왕의 직책을 받는 지위라 하며, 관정한 찰리왕으로 헤아림에 속하여 곧 십선을 행하는 도

를 능히 구족하고 또한 전륜성왕이

라는 이름을 얻는 것과 같다.

보살이 직책을 받는 것도 또한 이

와 같아서 모든 부처님께서 지혜의

물을 그 정수리에 부으시는 까닭으

로 이름하여 직책을 받음이라 하며,

여래의 열 가지 힘을 구족하는 까닭

으로 부처님으로 헤아림에 속한다.

불자여, 이것을 이름하여 '보살이

큰 지혜의 직책을 받음'이라 하며,

보살이 이 큰 지혜의 직책으로 인한

까닭으로 한량없는 백천만억 나유
타의 행하기 어려운 행을 능히 행하
며, 한량없는 지혜와 공덕을 증장하
니, 이름하여 '법운지에 편안히 머무
름'이라 한다.

불자여, 보살마하살이 이 법운지
에 머물러서 욕계의 모임과, 색계의
모임과, 무색계의 모임과, 세계의 모
임과, 법계의 모임과, 유위 세계의 모
임과, 무위 세계의 모임과, 중생계의

모임과, 인식 세계의 모임과, 허공계의 모임과, 열반계의 모임을 사실대로 안다.

이 보살이 모든 견해와 번뇌의 행의 모임을 사실대로 알며, 세계가 이루어지고 무너지는 모임을 알며, 성문의 행의 모임과, 벽지불의 행의 모임과, 보살의 행의 모임과, 여래의 힘과 두려움 없음과 색신과 법신의 모임과, 일체종과 일체지의 지혜의 모임과, 보리를 얻어 법륜 굴림을 보이는 모임과, 일체 법에 들어가 분별하고 결정하는 지혜의 모임을 안다. 중 요한 점을 들어 말하면 일체지로써 일체의 모임을 안다.

불자여, 이 보살마하살이 이와 같 은 가장 뛰어난 깨달음의 지혜로써 중생의 업의 변화와, 번뇌의 변화와, 모든 견해의 변화와, 세계의 변화와, 법계의 변화와, 성문의 변화와, 벽지 불의 변화와, 보살의 변화와, 여래의 변화와, 일체 분별과 분별 없음의 변 화를 사실대로 아니, 이와 같은 등을 모두 사실대로 안다.

또 부처님의 지님과, 법의 지님과,
승가의 지님과, 업의 지님과, 번뇌의
지님과, 때의 지님과, 서원의 지님과,
공양의 지님과, 행의 지님과, 겁의 지
님과, 지혜의 지님을 사실대로 아니,
이와 같은 등을 모두 사실대로 안다.

또 모든 부처님 여래께서 미세한
데 들어가시는 지혜를 사실대로 안
다.

이른바 수행의 미세한 지혜와, 목숨이 마침의 미세한 지혜와, 태어남의 미세한 지혜와, 출가의 미세한 지혜와, 신통을 나타냄의 미세한 지혜와, 정각 이룸의 미세한 지혜와, 법륜 굴림의 미세한 지혜와, 수명 동안 머무름의 미세한 지혜와, 반열반의 미세한 지혜와, 교법이 머무름의 미세한 지혜이니, 이와 같은 등을 모두 사실대로 안다.

또 여래의 비밀한 곳에 들어간다.

이른바 몸의 비밀과, 말의 비밀과, 마음의 비밀과, 때와 때 아님을 사량하는 비밀과, 보살에게 수기하는 비밀과, 중생을 섭수하는 비밀과, 갖가지 승의 비밀과, 일체 중생의 근기와 행이 차별한 비밀과, 업이 짓는 바의 비밀과, 보리를 얻는 행의 비밀이니, 이와 같은 등을 모두 사실대로 안다.

또 모든 부처님께서 겁에 들어가시는 지혜가 있는 것을 안다.

이른바 한 겁이 아승지 겁에 들어

가고 아승지 겁이 한 겁에 들어감과,
수있는 겁이 수없는 겁에 들어가고
수없는 겁이 수있는 겁에 들어감과,
한 찰나가 겁에 들어가고 겁이 한 찰
나에 들어감과, 겁이 겁 아님에 들어
가고 겁 아님이 겁에 들어감이다.

부처님 계시는 겁이 부처님 안 계
시는 겁에 들어가고 부처님 안 계시
는 겁이 부처님 계시는 겁에 들어감
과, 과거와 미래 겁이 현재 겁에 들
어가고 현재 겁이 과거와 미래 겁에
들어감과, 과거 겁이 미래 겁에 들어

가고 미래 겁이 과거 겁에 들어감과, 긴 겁이 짧은 겁에 들어가고 짧은 겁이 긴 겁에 들어감이다. 이와 같은 등을 모두 사실대로 안다.

또한 여래의 모든 들어가신 바의 지혜를 안다.

이른바 털끝만 한 곳에 들어가는 지혜와, 미세한 티끌에 들어가는 지혜와, 국토의 몸에 들어가는 바른 깨달음의 지혜이다.

중생의 몸에 들어가는 바른 깨달

음의 지혜와, 중생의 마음에 들어가는 바른 깨달음의 지혜와, 중생의 행에 들어가는 바른 깨달음의 지혜와, 일체 처소에 수순함에 들어가는 바른 깨달음의 지혜이다.

두루 행함을 나타내 보임에 들어가는 지혜와, 수순하는 행을 나타내 보임에 들어가는 지혜와, 거스르는 행을 나타내 보임에 들어가는 지혜와, 사의와 부사의한 세간을 분명히 알고 분명히 알지 못하는 행을 나타내 보임에 들어가는 지혜이다.

성문의 지혜와, 벽지불의 지혜와, 보살의 행과 여래의 행을 나타내 보임에 들어가는 지혜이다.

불자여, 일체 모든 부처님의 있는 바 지혜가 광대하여 한량없거늘, 이 지위의 보살이 모두 능히 들어간다.

불자여, 보살마하살이 이 지위에 머물러서는 곧 보살의 부사의한 해탈과, 걸림 없는 해탈과, 깨끗이 관찰하는 해탈과, 널리 밝게 비추는 해탈과, 여래장 해탈과, 걸림 없는 바 퀴를 수순하는 해탈과, 삼세를 통달 하는 해탈과, 법계장 해탈과, 해탈한 광명 바퀴 해탈과, 남음이 없는 경계 의 해탈을 얻는다.

이 열 가지를 으뜸으로 삼아 한량 없는 백천 아승지 해탈문이 있으니 모두 이 제10지에서 얻으며, 이와 같 이 내지 한량없는 백천 아승지 삼매 문과 한량없는 백천 아승지 다라니 문과 한량없는 백천 아승지 신통문 을 모두 다 성취한다.

불자여, 이 보살마하살이 이와 같은 지혜를 통달하고는 한량없는 보리를 수순해서 교묘한 생각의 힘을 성취하여, 시방의 한량없는 모든 부처님이 지니신 한량없는 큰 법의 광명과 큰 법의 비춤과 큰 법의 비를 한 생각 사이에 모두 능히 즐기고 능히 받고 능히 거두고 능히 지닌다.

비유하면 사가라 용왕이 내리는 큰비를 오직 큰 바다를 제외하고는 다른 일체 처소가 모두 능히 즐기지 못하고 능히 받지 못하고 능히 거두지 못하고 능히 지니지 못함과 같다.

여래의 비밀한 법장인 큰 법의 광명과 큰 법의 비춤과 큰 법의 비도 또한 이와 같아서 오직 제10지 보살을 제외하고는 다른 일체 중생과 성문과 독각과 내지 제9지 보살은 모두 능히 즐기지 못하고 능히 받지 못하고 능히 거두지 못하고 능히 지니지 못한다.

불자여, 비유하면 큰 바다는 한 큰 용왕이 내리는 큰비를 능히 즐기고 능히 받고 능히 거두고 능히 지니며,

혹은 둘 혹은 셋 내지 한량없는 모든 용왕의 비가 한 생각 사이에 한꺼번에 내리더라도 모두 능히 즐기고 능히 받고 능히 거두고 능히 지니는 것과 같다. 무슨 까닭인가? 이것은 한량없이 넓고 큰 그릇인 까닭이다.

법운지에 머무르는 보살도 또한 이와 같아서 한 부처님의 법의 광명과 법의 비춤과 법의 비를 능히 즐기고 능히 받고 능히 거두고 능히 지니며, 혹은 둘 혹은 셋 내지 한량없는 부처님께서 한 생각 사이에 일시에 연설하시더라도 다 또한 이와 같다. 그러므로 이 지위를 법운이라 이름한다."

해탈월 보살이 말하였다.
"불자여, 이 지위의 보살이 한 생각 사이에 능히 몇 여래의 처소에서 큰 법의 광명과 큰 법의 비춤과 큰 법의 비를 즐기고 받고 거두고 지닙니까?"

금강장 보살이 말하였다.
"불자여, 산수로는 능히 알 수 없으니, 내가 마땅히 그대를 위하여 그

비유를 말하리라.

불자여, 비유하면 시방에 각각 열 개의 말할 수 없는 백천억 나유타 부처님 세계의 미세한 티끌 수의 세계가 있고, 그 세계 가운데 낱낱 중생이 모두 듣고 지니는 다라니를 얻고는 부처님의 시자가 되어 성문 대중 가운데서 많이 듣기로 제일인 것이 금강연화 위 부처님 처소의 대승 비구와 같다. 그러나 한 중생이 받은 법을 다른 이는 거듭 받지 않는다고 하면, 불자여, 그대의 생각에는 어떠한가? 이 모든 중생들의 받은 법이 한량이 있겠는가? 한량이 없겠는가?"

해탈월 보살이 말하였다.

"그 수가 매우 많아서 한량없고 가 없습니다."

금강장 보살이 말하였다.

"불자여, 내가 그대를 위해 말하여 그대가 알게 하리라.

불자여, 이 법운지 보살이 한 부처님 처소에서 한 생각 사이에 즐기고 받고 거두고 지닌 큰 법의 광명과 큰

법의 비춤과 큰 법의 비인 삼세의 법
장은 앞의 그러한 바 세계의 일체 중
생이 듣고 지닌 법이 이것에 백분의
일에 미치지 못하며, 내지 비유로도
또한 미칠 수 없다.

한 부처님 처소에서와 같이, 이와
같이 시방의 앞에서 말한 것과 같은
그러한 바 세계의 미세한 티끌 수의
부처님이 다시 이 수를 넘어서서 한
량없고 가없으니, 그 낱낱 모든 여래
의 처소에 있는 바 법의 광명과 법의
비춤과 법의 비인 삼세의 법장을 모

두 능히 즐기고 능히 받고 능히 거두
고 능히 지닌다. 그러므로 이 지위를
법운이라 이름한다.

불자여, 이 지위의 보살이 스스로
의 원력으로 대비의 구름을 일으키
고, 큰 법의 우레를 진동한다.
신통과 밝음과 두려움 없음이 번개
가 되고 복덕과 지혜가 빽빽한 구름
이 되어 갖가지 몸을 나타내어 가고
오고 두루 돌면서, 한 생각 사이에
시방으로 백천억 나유타 세계의 미

세한 티끌 수의 국토에 널리 두루하
며 큰 법을 연설하여 마군과 원수들
을 꺾어 굴복시킨다.

다시 이 수를 넘어서서 한량없는
백천억 나유타 세계의 미세한 티끌
수의 국토에서, 모든 중생들의 마음
에 즐겨하는 바를 따라서 감로의 비
를 내려 일체 온갖 번뇌의 불을 소멸
한다. 그러므로 이 지위를 법운이라
이름한다.

불자여, 이 지위의 보살이 한 세계

에서 도솔천으로부터 내려와, 이에 열반에 이르기까지 제도 받을 중생들의 마음을 따라서 불사를 나타낸다.

혹은 둘 혹은 셋 내지 위와 같은 미세한 티끌 수의 국토와, 다시 이 수를 넘어서서 내지 한량없는 백천억 나유타 세계의 미세한 티끌 수의 국토에서도 모두 또한 이와 같다. 그러므로 이 지위를 법운이라 이름한다.

불자여, 이 지위의 보살이 지혜가 밝게 통달하고 신통이 자재하여 그 마음의 생각을 따라서 능히 좁은 세계로 넓은 세계를 짓고 넓은 세계로 좁은 세계를 지으며, 더러운 세계로 깨끗한 세계를 짓고 깨끗한 세계로 더러운 세계를 지으며, 어지럽게 머무르고 차례대로 머무르며, 거꾸로 머무르고 바로 머무르는, 이와 같이 한량없는 일체 세계를 모두 능히 서로 짓는다.

혹은 마음의 생각을 따라서 한 털

끌 속에 한 세계의 수미로 등의 일체 산과 강을 두더라도 티끌의 모양이 그대로이고 세계도 줄어들지 아니한다.

혹은 다시 한 미세한 티끌 속에 둘을 두고 셋 내지 말할 수 없는 세계의 수미로 등의 일체 산과 강을 두더라도 그 미세한 티끌의 체상이 본래와 같고 그 속의 세계도 모두 분명히 나타난다.

혹은 마음의 생각을 따라서 한 세계 가운데 두 세계의 장엄과 내지 말할 수 없는 세계의 장엄을 나타내 보이고, 혹은 한 세계의 장엄 가운데 두 세계 내지 말할 수 없는 세계를 나타내 보인다.

혹은 마음의 생각을 따라서 말할 수 없는 세계 속의 중생들을 한 세계에 두고, 혹은 마음의 생각을 따라서 한 세계 속의 중생들을 말할 수 없는 세계에 두더라도 중생들에게 번거롭거나 해로운 바가 없다.

혹은 마음의 생각을 따라서 한 모공에 일체 부처님의 경계와 장엄의 일을 나타내 보인다.

혹은 마음의 생각을 따라서 한 생각 동안에 말할 수 없는 세계의 미세한 티끌 수의 몸을 나타내 보이고, 낱낱 몸에 이와 같은 미세한 티끌 수의 손을 나타내 보이고, 낱낱 손에 각각 항하의 모래 수 같은 꽃바구니와 향 상자와 화만과 일산과 깃대와 깃발을 들고 시방에 두루하며 부처님께 공양올린다. 낱낱 몸에 다시 그러한 미세한 티끌 수의 머리를 나타내 보이고, 낱낱 머리에 다시 그러한 미세한 티끌 수의 혀를 나타내어, 생각생각에 시방에 두루하며 부처님의 공덕을 찬탄한다.

혹은 마음의 생각을 따라서 한 생각 사이에 널리 시방에 두루하며 바른 깨달음 이룸과 내지 열반과 국토를 장엄하는 일을 보인다.

혹은 그 몸이 삼세에 널리 두루함을 나타내되, 몸 가운데 한량없는 모든 부처님과 부처님 국토의 장엄한 일과 세계가 이루어지고 무너짐이 있음을 모두 나타내지 않음이 없다.

혹은 자신의 한 모공에서 일체 바람을 내되 중생에게는 괴롭거나 해로운 바가 없다.

혹은 마음의 생각을 따라서 가없는 세계로 하나의 큰 바다를 받들고, 이 바닷물 가운데 큰 연꽃을 나타내는데, 광명이 아름답게 장엄하여 한량없고 가없는 세계를 두루 덮으며, 그 가운데 큰 보리수를 장엄하는 일을 나타내 보이고, 내지 일체종지를 성취함을 보인다.

혹은 그 몸에서 시방 세계의 일체

광명을 나타내니, 마니보배 구슬과
해와 달과 별과 구름과 번개 등의 빛
을 모두 나타내지 않음이 없다.

혹은 입으로 입김을 불어서 능히
시방의 한량없는 세계를 흔들되 중
생들이 놀랍고 두려운 생각을 가지
게 하지 않으며, 혹은 시방의 풍재와
화재와 그리고 수재를 나타낸다.

혹은 중생의 마음에 좋아하는 바
를 따라서 색신의 장엄이 구족함을
나타내 보인다.

혹은 자기의 몸에서 부처님의 몸을

나타내 보이고, 혹은 부처님의 몸에서 자기의 몸을 나타내며, 혹은 부처님의 몸에서 자기의 국토를 나타내며, 혹은 자기의 국토에서 부처님의 몸을 나타낸다.

불자여, 이 법운지 보살이 이와 같은 것과 그 외 한량없는 백천억 나유타의 자재한 신력을 능히 나타낸다."

그때에 모임 중의 모든 보살들과 천신과 용과 야차와 건달바와 아수라와 세상을 보호하는 사천왕과 석제환인과 법천과 정거천과 마혜수라의 모든 천자들이 모두 이 생각을 하기를, '만약 보살의 신통과 지혜의 힘이 능히 이와 같다면 부처님은 다시 어떠하시겠는가?'라고 하였다.

그때에 해탈월 보살이 모든 대중모임의 마음에 생각하는 바를 알고 금강장 보살에게 말하였다.

"불자여, 지금 이 대중들이 그 보살의 신통과 지혜의 힘을 듣고 의심의 그물에 떨어졌습니다. 훌륭합니다. 어진 이시여, 그들의 의심을 끊기 위하여 마땅히 보살의 신통한 힘과 장엄의 일을 조금만 나타내 보여 주십시오."

그때에 금강장 보살이 곧 일체 부처님 국토의 체성 삼매에 들었다.

이 삼매에 든 때에 모든 보살들과 일체 대중이 모두 스스로 몸이 금강장 보살의 몸 안에 있음을 보았으며, 그 속에서 삼천대천세계에 있는 갖가지 장엄하는 일을 다 보는데, 억겁을 지내도록 말하여도 다할 수 없었다.

또 그 가운데서 보리수를 보니, 그 밑동은 주위가 십만 삼천대천세계이고, 높이는 백만 삼천대천세계이고, 가지와 잎으로 덮인 것도 또한 이와 같았다. 나무의 형태와 크기에 알맞게 사자좌가 있고, 자리 위에 부처님이 계시니 그 명호는 일체지통왕이시다.

일체 대중이 다 보니, 그 부처님께서 보리수 아래 사자좌 위에 앉으셨

는데 갖가지 모든 모양으로 장엄하여 가령 억겁을 설하더라도 다할 수 없었다.

금강장 보살이 이와 같은 큰 위신력을 나타내 보이고는 다시 대중모임이 각각 제자리에 있게 하였다.

그때에 모든 대중들이 일찍이 있지 않았던 일을 얻어 기이하고 특이하다는 생각을 내고 잠자코 머무르며 금강장 보살을 향하여 일심으로 우러러보았다.

그때에 해탈월 보살이 금강장 보살에게 말하였다. "불자여, 지금 이 삼매가 매우 희유하고 큰 세력이 있습니다. 그 이름이 무엇입니까?"

금강장 보살이 말하였다. "이 삼매는 이름이 일체 부처님 국토의 체성이다."

또 물었다. "이 삼매의 경계는 어떠합니까?"

답하여 말하였다.

"불자여, 만약 보살이 이 삼매를 닦으면 마음이 생각하는 바를 따라서 능히 몸에 항하 모래 수 같은 세계의 미세한 티끌 수의 부처님 세계를 나타내고, 다시 이 수를 넘어서서 한량없고 가없다.

불자여, 보살이 법운지에 머물러서 이와 같은 등 한량없는 백천 가지 모든 큰 삼매를 얻은 까닭으로 이 보살의 몸과 몸의 업을 헤아려 알 수 없으며, 말과 말의 업과, 뜻과 뜻의 업과, 신통이 자재함과, 삼세를 관찰함과, 삼매의 경계와, 지혜의 경계와, 일체 모든 해탈문에 유희함과,

변화로 짓는 바와, 위신력으로 짓는 바와, 광명으로 짓는 바와, 간략히 말하면 발을 들고 발을 내리는 일에 이르기까지, 이와 같은 일체 모든 짓는 바를, 내지 법왕자주와 선혜지의 보살이라도 모두 능히 알지 못한다.

불자여, 이 법운지 보살의 가진 바 경계를 간략히 말하면 이와 같거니와, 만약 널리 말한다면 가령 한량없는 백천 아승지 겁 동안이라도 다할 수 없다."

해탈월 보살이 말하였다.

"불자여, 만약 보살의 신통 경계가 이와 같다면, 부처님의 신통력은 다시 어떠하시겠습니까?"

금강장 보살이 말하였다.

"불자여, 비유하면 어떤 사람이 사천하에서 한 덩이 흙을 들고 말하기를, '가없는 세계의 대지의 흙이 많겠는가, 이 흙이 많겠는가?'라고 하는 것과 같다. 내가 보건대 그대의 물음도 또한 이와 같다. 여래의 지혜는 가없고 같음이 없거늘, 어떻게 보살과 더불어 견주어 헤아리겠는가?

다시 또 불자여, 마치 사천하에서 조금의 흙을 취하면 나머지가 한량없는 것과 같이, 이 법운지의 신통과 지혜도 한량없는 겁에 단지 조금만 말할 수 있거늘, 하물며 여래의 지위이겠는가?

불자여, 내 이제 그대를 위하여 사례를 끌어 가지고 증명하여 그대가 여래의 경계를 알게 하리라.

불자여, 가령 시방의 낱낱 방위에 각각 가없는 세계의 미세한 티끌 수의 모든 부처님의 국토가 있고, 낱낱

국토에 이와 같은 지위를 얻은 보살
들이 충만하니 마치 사탕수수와 대
나무와 갈대와 벼와 삼의 숲과 같은
데, 그 모든 보살들이 백천억 나유타
겁에 보살행을 닦아서 생긴 지혜를
한 여래의 지혜의 경계에 비한다면
백분의 하나에 미치지 못하고, 내지
우파니사타 분의 하나에도 또한 능
히 미치지 못한다.

불자여, 이 보살이 이와 같은 지혜
에 머무름에 여래의 몸과 말과 뜻의

업과 다르지 않으면서 보살의 모든 삼매의 힘을 버리지 않고 수없는 겁 동안 일체 모든 부처님을 받들어 섬기며 공양올린다.

낱낱 겁에 일체 종류의 공양거리로 공양올리며, 일체 모든 부처님 위신력의 가피로 지혜의 광명이 점차 더욱 증장하고 수승해지며, 법계에 있는 바 질문을 잘 해석하여 백천억 겁에 능히 굴복시킬 자가 없다.

불자여, 비유하면 금을 다루는 사람이 가장 미묘한 진금으로 몸을 장엄할 거리를 만들고 큰 마니 보배로 그 사이에 박아서 장식한 것을 자재 천왕이 몸에 스스로 걸치면 다른 천 인들의 장엄거리는 미칠 수 없는 바 인 것과 같이, 이 지위의 보살도 또한 이와 같아서 처음 초지로부터 9지에 이르는 일체 보살의 있는 바 지혜와 행이 모두 미칠 수 없다.

이 지위의 보살의 지혜 광명은 능히 중생으로 하여금 내지 일체지의 지혜에 들어가게 하니, 다른 지혜의 광명은 이와 같을 수 없다.

불자여, 비유하면 마혜수라천왕의 광명이 능히 중생으로 하여금 몸과 마음이 청량하게 하니 일체 광명이 미칠 수 없는 것과 같이, 이 지위의 보살의 지혜 광명도 또한 이와 같아서 능히 중생으로 하여금 모두 청량함을 얻게 하며, 내지 일체지의 지혜에 머무르게 하니 일체 성문과 벽지불과 내지 제9지 보살의 지혜 광명이 다 미칠 수 없다.

불자여, 이 보살마하살이 이미 능히 이와 같은 지혜에 편안히 머물렀으니 모든 부처님 세존께서 다시 또 삼세의 지혜와, 법계의 차별한 지혜와, 일체 세계에 두루하는 지혜와, 일체 세계를 비추는 지혜와, 일체 중생을 자애롭게 생각하는 지혜를 설하신다. 중요한 점을 들어 말하면 내지 일체지를 얻는 지혜를 설하신다.

이 보살이 십바라밀 중에는 지바라밀이 가장 늘어나나, 다른 바라밀을 닦지 않는 것은 아니다.

불자여, 이것이 보살마하살의 제10 법운지를 간략하게 설한 것이다. 만약 자세히 설한다면 가령 한량없는 아승지 겁이라도 또한 다할 수 없다.

불자여, 보살이 이 지위에 머물러서는 마혜수라천의 왕이 많이 되며, 법에 자재하여 능히 중생과 성문과 독각과 일체 보살에게 바라밀행을 주며, 법계에 있는 질문으로는 능히 굽힐 자가 없으며, 보시하고 사랑스러운 말을 하고 이익하게 하는 행을 하고 일을 같이 한다.

이와 같은 일체 모든 짓는 바 업이 모두 부처님을 생각함을 여의지 아니하며, 내지 일체종과 일체지의 지혜 구족하기를 생각함을 여의지 아니한다.

다시 이 생각을 하기를, '내가 마땅히 일체 중생들 가운데 상수가 되며, 수승한 이가 되고, 내지 일체지의 지혜에 의지하는 자가 될 것이다.'라고 한다.

만약 부지런히 정진을 하면 한 생

각 사이에 열 개의 말할 수 없는 백천억 나유타 부처님 세계의 미세한 티끌 수의 삼매를 얻으며, 내지 그러한 바 미세한 티끌 수의 보살들을 권속으로 삼음을 나타내 보인다.

만약 보살의 수승한 원력으로 자재하게 나타내 보이면 이 수를 넘어서니, 이른바 수행과 장엄과 믿고 이해함과 짓는 일과 몸과 말과 광명과 모든 근과 신통 변화와 음성과 행하는 곳을 내지 백천억 나유타 겁에도 세어서 알 수 없다.

불자여, 이 보살마하살이 십지의 행상이 차례로 앞에 나타나면 능히 일체지의 지혜에 들어간다.

비유하면 아뇩달지에서 네 개의 큰 강이 흘러나오니, 그 강이 흐르고 흘러 염부제에 두루하되 이미 다하여 마르지 아니하고 다시 더욱 불어 나며 내지 바다에 들어가서 가득 차게 하는 것과 같다.

불자여, 보살도 또한 그러하여 보리심으로부터 선근과 큰 서원의 물이 흘러나와서 네 가지 거두어 주는 법으로 중생을 가득 채우되 끝까지 다하지 아니하고 다시 더욱 불어나며 내지 일체지의 바다에 들어가서 가득 차게 한다.

불자여, 보살의 십지가 부처님의 지혜로 인하여 차별이 있는 것이 마치 대지로 인하여 열 개의 산왕이 있는 것과 같다.

무엇이 열인가? 이른바 설산왕과 향산왕과 비타리산왕과 신선산왕과 유건타산왕과 마이산왕과 니민다라산왕과 작갈라산왕과 계도말저산왕과 수미로산왕이다.

불자여, 마치 설산왕은 일체 약초가 모두 그 가운데 있어서 캐내어도 다하지 않듯이, 보살이 머무르는 바 환희지도 또한 이와 같아서 일체 세간의 경서와 기예와 글과 게송과 주술이 모두 그 가운데 있어서 설하여도 다할 수 없다.

불자여, 마치 향산왕은 일체 모든 향이 모두 그 가운데 모여서 취하여도 다하지 않듯이, 보살이 머무르는 바 이구지도 또한 이와 같아서 일체 보살의 계행과 위의가 모두 그 가운데 있어서 설하여도 다할 수 없다.

불자여, 마치 비타리산왕은 순전한 보배로 이루어져 있고 일체 온갖 보배가 모두 그 가운데 있어서 취하여도 다하지 않듯이, 보살이 머무르는 바 발광지도 또한 이와 같아서 일체 세간의 선정과 신통과 해탈과 삼매와 삼마발저가 모두 그 가운데 있어서 설하여도 다할 수 없다.

불자여, 마치 신선산왕은 순전한 보배로 이루어져 있고 오신통의 신선들이 모두 그 가운데 머물러서 끝까지 다함이 없듯이, 보살이 머무르는 바 염혜지도 또한 이와 같아서 일체의 도 가운데 수승한 지혜가 모두 그 가운데 있어서 설하여도 다할 수 없다.

불자여, 마치 유건타라산왕은 순전한 보배로 이루어져 있고 야차의 큰 신들이 모두 그 가운데 머물러서 끝까지 다함이 없듯이, 보살이 머무르는 바 난승지도 또한 이와 같아서 일체 자재하고 뜻대로 되는 신통이 모두 그 가운데 있어서 설하여도 다 할 수 없다.

불자여, 마치 마이산왕은 순전한 보배로 이루어져 있고 일체 모든 과일이 모두 그 가운데 있어서 취하여도 다하지 않듯이, 보살이 머무르는 바 현전지도 또한 이와 같아서 연기의 이치에 들어가 성문의 과보를 증득함이 모두 그 가운데 있어서 설하여도 다할 수 없다.

마치 니민다라산왕은 순전한 보배로 이루어져 있고 큰 힘의 용신들이 모두 그 가운데 머물러서 끝까지 다함이 없듯이, 보살이 머무르는 바 원행지도 또한 이와 같아서 방편 지혜로 독각의 과보를 증득함이 모두 그 가운데 있어서 설하여도 다할 수 없다.

마치 작갈라산왕은 순전한 보배로 이루어져 있고 모든 자재한 대중들이 모두 그 가운데 머물러서 끝까지 다함이 없듯이, 보살이 머무르는 바 부동지도 또한 이와 같아서 일체 보살이 자재하게 행하는 차별한 세계가 모두 그 가운데 있어서 설하여도 다할 수 없다.

마치 계도산왕은 순전한 보배로 이루어져 있고 큰 위덕의 아수라왕이 모두 그 가운데 머물러서 끝까지 다함이 없듯이, 보살이 머무르는 바 선혜지도 또한 이와 같아서 일체 세간의 생멸에 대한 지혜의 행이 모두 그 가운데 있어서 설하여도 다할 수 없다.

마치 수미로산왕은 순전한 보배로 이루어져 있고 큰 위덕의 모든 천신들이 모두 그 가운데 머물러서 끝까지 다함이 없듯이, 보살이 머무르는 바 법운지도 또한 이와 같아서 여래의 힘과 두려움 없음과 함께하지 않는 법의 일체 부처님의 일이 모두 그 가운데 있어서 묻고 대답하고 선설하여도 끝까지 다할 수 없다.

불자여, 이 열 개의 보배산왕이 함께 큰 바다에 있으면서 차별하게 이름을 얻으니, 보살의 십지도 또한 이와 같아서 함께 일체지 가운데 있으면서 차별하게 이름을 얻는다.

불자여, 비유하면 큰 바다가 열 가지 모양으로 큰 바다라는 이름을 얻어서 바꾸거나 빼앗을 수 없는 것과 같다.

무엇이 열인가?

하나는 차례로 점점 깊어진다. 둘은 시체를 받아두지 않는다. 셋은 다른 물이 그 가운데 들어가면 모두 본래의 이름을 잃는다. 넷은 널리 함께 한 맛이다. 다섯은 한량없는 진귀한 보배이다. 여섯은 바닥까지 이를 수 없다. 일곱은 넓고 커서 한량없다. 여덟은 큰 동물이 사는 곳이다. 아홉은 조수가 기한을 넘지 않는다. 열은 큰비를 두루 받아도 차서 넘치지 않는다.

보살행도 또한 이와 같아서 열 가지 모양인 까닭으로 보살행이라 이름하니 바꾸거나 빼앗을 수 없다.

무엇이 열인가?

이른바 환희지는 큰 서원을 내어서 점차 깊어지는 까닭이다. 이구지는 일체 파계의 시체를 받아두지 않는 까닭이다. 발광지는 세간의 거짓 이름을 버리고 여의는 까닭이다. 염혜지는 부처님의 공덕과 동일한 맛인 까닭이다. 난승지는 한량없는 방편 신통과 세간에서 만든 온갖 진귀한 보배를 내는 까닭이다.

현전지는 연으로 생기는 매우 깊은 이치를 관찰하는 까닭이다. 원행지는 광대한 깨달음의 지혜를 잘 관찰하는 까닭이다. 부동지는 광대하게 장엄하는 일을 나타내 보이는 까닭이다. 선혜지는 깊은 해탈을 얻어서 세간에서 행하되 사실대로 알아 기한을 어기지 않는 까닭이다. 법운지는 일체 모든 부처님 여래의 큰 법의 광명 비를 능히 받음에 만족해 싫어함이 없는 까닭이다.

불자여, 비유하면 큰 마니 구슬이 열 가지 성질이 있어서 온갖 보배보다 뛰어난 것과 같다.

무엇이 열인가?

하나는 큰 바다에서 나온다. 둘은 훌륭한 장인이 다스린다. 셋은 원만하여 흠이 없다. 넷은 청정하여 때가 없다. 다섯은 안팎으로 투명하게 밝다. 여섯은 교묘하게 구멍을 뚫었다. 일곱은 보배실로 꿰었다. 여덟은 유리로 된 높은 깃대 위에 놓여 있다. 아홉은 일체 갖가지 광명을 널리 놓는다. 열은 능히 왕의 뜻에 따라 온갖 보물을 비내려서 중생의 마음과 같이 그 소원을 만족시킨다.

불자여, 마땅히 알아라. 보살도 또한 이와 같이 열 가지 일이 있어서 온갖 성인보다 뛰어나다.

무엇이 열인가?

하나는 일체 지혜의 마음을 낸다. 둘은 계를 지니어 두타의 바른 행이 밝고 깨끗하다. 셋은 모든 선정과 삼매가 원만하여 흠이 없다. 넷은 도의 행이 청정하여 모든 더러운 때를 여의었다. 다섯은 방편과 신통이 안팎으로 사무치게 밝다.

여섯은 연기의 지혜로 잘 능히 뚫

었다. 일곱은 갖가지 방편과 지혜의 실로 꿰었다. 여덟은 자재하고 높은 깃대의 위에 놓여 있다. 아홉은 중생의 행을 관찰하여 듣고 지니는 광명을 놓는다. 열은 부처님 지혜의 직책을 받아 부처님으로 헤아림에 속하여 능히 중생들을 위하여 널리 불사를 짓는다.

불자여, 이 일체종과 일체지의 공덕을 모으는 보살행의 법문품은 만약 모든 중생들이 선근을 심지 않으면 들을 수 없다."

해탈월 보살이 말하였다. "이 법문을 들으면 얼마나 되는 복을 얻겠습니까?"

금강장 보살이 말하였다. "일체지를 모은 바 복덕과 같이 이 법문을 들음도 복덕이 이와 같다. 무슨 까닭인가? 이 공덕의 법문을 듣지 못하고는 믿고 이해하고 받아 지니고 읽고 외울 수 없거늘, 하물며 정진하고 말한 대로 수행하는 것이겠는가?

그러므로 마땅히 알아라. 반드시

이 일체지의 공덕을 모으는 법문을 들어야만 이에 믿고 이해하고 받아 지니고 닦아 익힐 수 있으며, 그런 후에야 일체지의 지위에 이른다."

이때에 부처님의 위신력인 까닭이며 법이 이와 같은 까닭으로, 시방에 각각 십억 부처님 세계의 미세한 티끌 수의 세계가 있어서 여섯 가지 열여덟 모양으로 진동하였다.

이른바 흔들흔들하고 두루 흔들흔들하고 온통 두루 흔들흔들하며, 들먹들먹하고 두루 들먹들먹하고 온통 두루 들먹들먹하며, 울쑥불쑥하고 두루 울쑥불쑥하고 온통 두루 울쑥불쑥하며, 우르르하고 두루 우르르하고 온통 두루 우르르하며, 와르릉하고 두루 와르릉하고 온통 두루 와르릉하며, 와지끈하고 두루 와지끈하고 온통 두루 와지끈하였다.

온갖 하늘의 꽃과 하늘의 화만과 하늘의 옷과 모든 하늘의 보배 장엄거리와 깃대와 깃발과 비단 일산을 비내리며, 하늘의 음악을 연주하는

데 그 소리가 온화하고 아름다우며 동시에 소리를 내어 일체지의 지위에 있는 바 공덕을 찬탄하였다.

이 세계의 타화자재천왕의 궁전에서 이 법을 연설하는 것과 같이, 시방에 있는 일체 세계에서도 다 또한 이와 같았다.

이때에 다시 부처님의 위신력인 까닭으로 시방으로 각각 십억 부처님 세계의 미세한 티끌 수의 세계 밖에 십억 부처님 세계의 미세한 티끌 수의 보살들이 있으니, 이 모임에 와서 이와 같이 말하였다.

"훌륭하고 훌륭합니다. 금강장이여, 이 법을 명쾌하게 설하였습니다.

우리들도 다 같이 이름이 금강장이고, 머무르는 바 세계도 각각 다르지만 다 이름이 금강덕이고, 부처님의 명호도 금강당이십니다. 우리들도 본래의 세계에 머물러 있으면서 모두 여래의 위신의 힘을 받들어 이 법을 연설합니다. 모인 대중들도 다 같고, 문자와 구절과 뜻도 여기에서 설하는 바와 더불어 늘어나거나 줄어듦이 없습니다.

모두 부처님의 위신력으로 이 법회에 와서 그대를 위하여 증명합니다. 우리들이 지금 이 세계에 들어온 것처럼, 이와 같이 시방의 일체 세계에서도 다 또한 이와 같이 가서 증명합니다."

그때에 금강장 보살이 시방의 일체 대중모임이 법계에 널리 두루함을 관찰하고는 일체지의 지혜의 마음을 발함을 찬탄하려고, 보살의 경계를 나타내 보이려고, 보살의 수행하는 힘을 깨끗이 다스리려고, 일체종지를 거두어 가지는 길을 설하려고, 일체 세간의 때를 없애려고, 일체지를 베풀어 주려고, 부사의한 지혜의 장엄을 나타내 보이려고, 일체 보살의 모든 공덕을 드러내 보이려고, 이와 같은 지위의 뜻을 더욱더 펼쳐서 나타내게 하려고, 부처님의 위신력을 받들어 게송을 설하여 말하였다.

그 마음 적멸하며

항상 조화롭고 수순하여

평등하고 걸림 없음이

허공과 같으며

모든 더러움을 여의고

도에 머무르니

이 수승한 행을

그대는 마땅히 들을지어다.

백천억 겁 동안

모든 선을 닦아서

한량없고 가없는

부처님께 공양올리며
성문과 독각들도
또한 그러하니
중생을 이롭게 하기 위해
큰 마음 내도다.

면밀하고 부지런히 계를 지니고
늘 참고 유순하며
부끄러움과 복과 지혜를
모두 구족하고
부처님 지혜 구하기를 뜻하여
넓은 지혜 닦아서

열 가지 힘 얻기를 서원하여
큰 마음 내도다.

삼세의 모든 부처님께
다 공양올리고
일체 국토를
모두 깨끗이 장엄하며
모든 법이 다 평등함을
분명히 알고
중생을 이롭게 하기 위해
큰 마음 내도다.

초지에 머물러서

이 마음을 내어

온갖 악을 길이 여의고

항상 환희하며

원력으로 모든 선한 법을

널리 닦아서

가엾게 여기는 까닭으로

다음 지위에 들도다.

계와 들음을 구족하고

중생을 생각하며

더러운 때 씻어내어

마음이 밝고 깨끗해서
세간의 세 가지 독한 불을
관찰하여
넓고 크게 아는 자가
제3지에 나아가도다.

삼유의 일체가
모두 무상하여
화살을 몸에 맞은 듯
고통이 치성하니
유위를 싫어해 떠나서
불법을 구하는

광대한 지혜 있는 사람이
염혜지에 나아가도다.

기억과 지혜 구족하여
도의 지혜를 얻고
백천의 한량없는 부처님께
공양올리며
가장 수승한 모든 공덕을
항상 관찰하니
이 사람이
난승지에 들어가도다.

지혜와 방편을

잘 관찰하고

갖가지로 나타내 보여

중생을 구제하며

다시 십력의 위없는 존귀한 분께

공양올리어

생겨남이 없는

현전지에 들어가도다.

세상에서 알기 어려운 바를

능히 알아서

나를 감수하지 않고

있음과 없음을 여의며
법의 성품 본래 고요하나
인연 따라 바뀌니
이 미묘함을 얻어
제7지에 향하도다.

지혜와 방편의
마음이 광대하여
행하기 어렵고 조복하기 어렵고
알기 어려워
비록 적멸을 증득했으나
부지런히 닦아서

허공 같은 부동지에
능히 나아가도다.

부처님께서 권하시어
적멸에서 일어나
갖가지 모든 지혜의 업을
널리 닦게 하시니
열 가지 자재를 갖추고
세간을 관찰하여
이로써 선혜지에
올라가도다.

미묘한 지혜로써
중생들의
심행과 업과 미혹 등의
빽빽한 숲을 관찰하고
그들을 교화하여
도에 나아가게 하려고
모든 부처님의 수승한 뜻의
갈무리를 연설하도다.

차례대로 수행하여
온갖 선을 구족하여
제9지에 이르러서

복과 지혜를 모으고

모든 부처님의 가장 높은 법을

항상 구하여

부처님의 지혜의 물을 얻어

그 정수리에 붓도다.

수없는 모든

삼매를 얻으며

또한 그 업을 지음도

잘 분명히 아니

최후의 삼매 이름이

'직책을 받음'이라

광대한 경계에 머물러
항상 움직이지 않도다.

보살이
이 삼매를 얻은 때에
큰 보배 연꽃이
홀연히 나타나
몸의 크기 그에 알맞아
그 가운데 앉으니
불자들이 에워싸고
함께 관찰하도다.

백천억의
큰 광명을 놓아
일체 중생의
고통을 없애버리고
다시 정수리에서
광명을 놓아
시방의 모든 부처님 회상에
널리 들어가도다.

공중에 모두 머물러
광명 그물을 지어서
부처님께 공양올리고는

발 아래 들어가니
즉시에 모든 부처님께서
지금 이 불자가
직위에 올랐음을
다 분명히 아시도다.

시방의 보살들이
와서 관찰하니
직책 받은 보살들이
광명을 펼쳐 비추며
모든 부처님 미간에서도
광명을 놓으시어

널리 비추고는
와서 정수리로 들어가도다.

시방의 세계가
모두 진동하고
일체 지옥의
고통이 소멸됨이라
그때에 모든 부처님께서
그 직책을 주시니
전륜왕의
태자와 같도다.

만약 모든 부처님께서

관정해주심을 받으면

이것이 곧 이름이

법운지에 오름이라

지혜가 점점 늘어

가없어서

일체 모든 세간을

깨우치도다.

욕계와 색계와

무색계와

법계와 세계와

중생계와
수있음과 수없음과
허공까지
이와 같은 일체를
모두 통달했도다.

일체 교화하는 작용과
큰 위덕의 힘과
모든 부처님의 가지와
미세한 지혜와
비밀한 겁의 수와
털끝만 한 곳 등을

모두 능히
사실대로 관찰하도다.

태어남과 세속을 떠남과
바른 도 이룸과
미묘한 법륜을 굴림과
열반에 듦과
내지 적멸한
해탈의 법과
아직 설하지 않은 바를
모두 능히 알도다.

보살이

이 법운지에 머무름에

기억하는 힘을 구족하여

불법을 지니니

비유하면 큰 바다가

용의 비 내림을 받듯이

이 지위에서 법을 받음도

또한 그러하도다.

시방의 한량없는

모든 중생들이

다 듣고 지님을 얻어

부처님 법 지니더라도

한 부처님 처소에서

들은 바 법이

그 수를 넘어서서

한량없도다.

옛적의 지혜와 서원과

위신력으로

한 생각에

시방 국토에 널리 두루하여

감로의 비를 내려

번뇌를 없애니 그러므로

부처님께서 설하시어
법운이라 이름하도다.

신통을 나타내 보여
시방에 두루하여
인간과 천상의
세간 경계를 뛰어넘고
다시 이 수를 지나서
한량없는 억이니
세간 지혜로 사유하면
반드시 미혹하여 아득하도다.

발 한 번 드는 동안 헤아리는
지혜와 공덕을
제9지에 이르러도
알 수 없는데
어찌 하물며
일체 모든 중생과
그리고 성문과
벽지불이리오.

이 지위의 보살이
부처님께 공양올리고
시방의 국토를

다 널리 두루하며
또한 현전의
모든 성인들에게도 공양하여
부처님의 공덕을
구족하게 장엄하도다.

이 지위에 머물러서는
다시
삼세와 법계의
걸림 없는 지혜를 설하고
중생과 국토 모두
또한 그러하며

내지 일체 부처님의
공덕에 이르도다.

이 지위의 보살이
지혜 광명으로
중생에게 바른 법의 길을
능히 보이니
자재천의 광명이
세간의 어둠을 없애는데
이 광명이 어둠을 없앰도
또한 이와 같도다.

여기에 머무름에
삼계의 왕이 많이 되고
삼승의 법을
잘 능히 연설하며
한량없는 삼매를
한 생각에 얻고
모든 부처님을 친견하는 것도
또한 이와 같도다.

이 지위를
내가 지금 간략히 설하였으니
만약 자세히 설하자면

다할 수 없도다.
이러한 모든 지위는
부처님의 지혜 가운데
열 개의 산왕이
우뚝 솟아 머무름과 같도다.

초지는
기예의 업이 끝이 없어서
비유하면 설산에
온갖 약초 모인 것 같고
제2지는
계와 들음이 향산과 같고

제3지는
비타산에 미묘한 꽃 피는 것 같도다.

염혜지는
도의 보배가 다함이 없어
신선산에 어진 이들
잘 머무른 것 같고
제5지는
신통이 유건산 같고
제6지는
마이산이 온갖 과일을 갖춘 것 같도다.

제7지는

큰 지혜가 니민다라산 같고

제8지는

자재함이 윤위산 같고

제9지는

계도산 같이 모여도 걸림 없으며

제10지는

수미산 같이 온갖 덕을 갖추었도다.

초지는 서원이 으뜸이고

제2지는 계를 지님이고

제3지는 공덕이고

제4지는 오로지 하나이고

제5지는 미묘하고

제6지는 매우 깊고

제7지는 광대한 지혜이고

제8지는 장엄이로다.

제9지는

미묘한 뜻을 헤아림이

일체 세간의 길을

뛰어넘고

제10지는

모든 부처님의 법을 받아 지니니

이러한 수행 바다가 다하여
마르는 일 없도다.

열 가지 행이 세간을 뛰어나니
발심은 초지이고
지계는 제2지이고,
선정은 제3지이고
행이 깨끗함은 제4지이고,
성취는 제5지이고
연생은 제6지이고,
꿰는 것은 제7지로다.

제8지는
금강 깃대에 놓여짐이고
제9지는
온갖 빽빽한 숲을 관찰함이고
제10지는
관정하여 왕의 뜻을 따름이니
이와 같이 공덕 보배가
점점 청정하도다.

시방의 국토를 부수어
티끌이 되어도
한 생각에

그 수를 알 수 있으며

털끝으로 허공을 헤아려도

양을 알 수 있으나

억겁 동안 이를 설하여도

다할 수 없도다.

〈대방광불화엄경 제39권〉

회
향
송

아차보현수승행
무변승복개회향
보원침익제중생
속왕무량광불찰

시방삼세일체불
제존보살마하살
마하반야바라밀

我此普賢殊勝行
無邊勝福皆迴向
普願沈溺諸眾生
速往無量光佛剎

十方三世一切佛
諸尊菩薩摩訶薩
摩訶般若波羅蜜

大方廣佛華嚴經

부록

・

대방광불화엄경 목차

・

간행사

대방광불화엄경
목차

〈제1회〉

제1권   제1품   세주묘엄품 [1]

제2권   제1품   세주묘엄품 [2]

제3권   제1품   세주묘엄품 [3]

제4권   제1품   세주묘엄품 [4]

제5권   제1품   세주묘엄품 [5]

제6권   제2품   여래현상품

제7권   제3품   보현삼매품

         제4품   세계성취품

제8권   제5품   화장세계품 [1]

제9권   제5품   화장세계품 [2]

제10권   제5품   화장세계품 [3]

제11권   제6품   비로자나품

〈제2회〉

제12권   제7품   여래명호품

         제8품   사성제품

제13권   제9품   광명각품

         제10품   보살문명품

제14권   제11품   정행품

         제12품   현수품 [1]

제15권   제12품   현수품 [2]

〈제3회〉

제16권   제13품   승수미산정품

         제14품   수미정상게찬품

         제15품   십주품

제17권   제16품   범행품

         제17품   초발심공덕품

제18권   제18품   명법품

〈제4회〉

제19권　제19품　승야마천궁품

　　　　제20품　야마궁중게찬품

　　　　제21품　십행품 [1]

제20권　제21품　십행품 [2]

제21권　제22품　십무진장품

〈제5회〉

제22권　제23품　승도솔천궁품

제23권　제24품　도솔궁중게찬품

　　　　제25품　십회향품 [1]

제24권　제25품　십회향품 [2]

제25권　제25품　십회향품 [3]

제26권　제25품　십회향품 [4]

제27권　제25품　십회향품 [5]

제28권　제25품　십회향품 [6]

제29권　제25품　십회향품 [7]

제30권　제25품　십회향품 [8]

제31권　제25품　십회향품 [9]

제32권　제25품　십회향품 [10]

제33권　제25품　십회향품 [11]

〈제6회〉

제34권　제26품　십지품 [1]

제35권　제26품　십지품 [2]

제36권　제26품　십지품 [3]

제37권　제26품　십지품 [4]

제38권　제26품　십지품 [5]

제39권　제26품　십지품 [6]

〈제7회〉

제40권　제27품　십정품 [1]

제41권　제27품　십정품 [2]

제42권　제27품　십정품 [3]

제43권　제27품　십정품 [4]

제44권　제28품　십통품

　　　　제29품　십인품

제45권　제30품　아승지품

　　　　제31품　수량품

　　　　제32품　제보살주처품

제46권　제33품　불부사의법품 [1]

제47권　제33품　불부사의법품 [2]

제48권 제34품 여래십신상해품

　　　　제35품 여래수호광명공덕품

제49권 제36품 보현행품

제50권 제37품 여래출현품 [1]

제51권 제37품 여래출현품 [2]

제52권 제37품 여래출현품 [3]

〈제8회〉

제53권 제38품 이세간품 [1]

제54권 제38품 이세간품 [2]

제55권 제38품 이세간품 [3]

제56권 제38품 이세간품 [4]

제57권 제38품 이세간품 [5]

제58권 제38품 이세간품 [6]

제59권 제38품 이세간품 [7]

〈제9회〉

제60권 제39품 입법계품 [1]

제61권 제39품 입법계품 [2]

제62권 제39품 입법계품 [3]

제63권 제39품 입법계품 [4]

제64권 제39품 입법계품 [5]

제65권 제39품 입법계품 [6]

제66권 제39품 입법계품 [7]

제67권 제39품 입법계품 [8]

제68권 제39품 입법계품 [9]

제69권 제39품 입법계품 [10]

제70권 제39품 입법계품 [11]

제71권 제39품 입법계품 [12]

제72권 제39품 입법계품 [13]

제73권 제39품 입법계품 [14]

제74권 제39품 입법계품 [15]

제75권 제39품 입법계품 [16]

제76권 제39품 입법계품 [17]

제77권 제39품 입법계품 [18]

제78권 제39품 입법계품 [19]

제79권 제39품 입법계품 [20]

제80권 제39품 입법계품 [21]

간 행 사

귀의삼보 하옵고,

『대방광불화엄경』의 수지 독송과 유통을 발원하면서 수미정사 불전연구원에서 『독송본 한문·한글역 대방광불화엄경』과 『사경본 한글역 대방광불화엄경』을 편찬하여 간행하게 되었습니다.

『화엄경』은 우리나라에 전래된 이래 일찍부터 사경되고 주석·강설되어 왔으며 근현대에 이르러서는 『화엄경』의 한글 번역과 연구도 부쩍 많이 이루어졌습니다. 그만큼 『화엄경』이 우리 불자님들의 신행과 해탈에 큰 의지처가 되었던 것임을 알 수 있습니다.

『화엄경』을 독송하고 사경하는 공덕은 설법 공덕과 함께 크게 강조되어 왔습니다. 그리하여 수미정사 불전연구원에서도 『화엄경』(80권)을 독송하고 사경하는 데 도움이 되도록 한문 원문과 한글역을 함께 수록한 독송본과 한글역의 사경본 『화엄경』 간행불사를 발원하였습니다. 이 『화엄경』 간행불사에 뜻을 같이하여 적극 후원해주신 스님들과 재가 불자님들께 깊이 감사드립니다. 또한 『화엄경』을 수지 독송할 수 있도록 경책의 모습으로 장엄해 주신 편집위원들과 담앤북스 출판사 관계자들께도 고마움을 표합니다.

끝으로 이 불사의 원만 회향으로 『화엄경』이 널리 유통되고, 온 법계에 부처님의 가피가 충만하시길 기원드립니다.

나무 대방광불화엄경

불기 2564년 '부처님오신날'을 봉축하며
수미해주 합장

위태천신(동진보살)

수미해주 須彌海住

호거산 운문사에서 성관 스님을 은사로 출가, 석암 대화상을 계사로 사미니계 수계, 월하 전계사를
계사로 비구니계 수계, 계룡산 동학사 전문강원 졸업, 동국대학교 불교대학 및 동 대학원 졸업, 철
학박사, 가산지관 대종사에게서 전강, 동국대학교 불교대학 교수, 동학승가대학 학장 및 화엄학림
학림장, 중앙승가대학교 법인이사 역임.
(현) 수미정사 주지, 동국대학교 명예교수.
저·역서로 『의상화엄사상사연구』, 『화엄의 세계』, 『정선 원효』, 『정선 화엄1』, 『정선 지눌』, 『법계도기
총수록』, 『해주스님의 법성게 강설』 등 다수.

사경본 한글역
대방광불화엄경 제39권

| 초판 1쇄 발행_ 2023년 12월 24일

| 엮은이_ 수미해주
| 엮은곳_ 수미정사 불전연구원
| 편집위원_ 해주 수정 경진 선초 정천 석도 박보람 최원섭
| 편집보_ 무이 무진 지욱 혜명

| 펴낸이_ 오세룡
| 펴낸곳_ 담앤북스
　　　　 서울특별시 종로구 새문안로3길 23 경희궁의 아침 4단지 805호
　　　　 대표전화 02)765-1251 전자우편 dhamenbooks@naver.com
　　　　 출판등록 제300-2011-115호
| ISBN_ 979-11-6201-417-2 04220